Printed by BoD™ in Norderstedt, Germany

9 789358 722123

# تربیتِ اَولاد

(مضامین)

مولانا اشرف علی تھانوی

© Taemeer Publications LLC


**Tarbiyat-e-Aulaad** *(Essays)*
by: Ashraf Ali Thanwi
Edition: June '2024
Publisher :
*Taemeer Publications LLC* (Michigan, USA / Hyderabad, India)

ISBN 978-93-5872-212-3

مصنف یا ناشر کی پیشگی اجازت کے بغیر اس کتاب کا کوئی بھی حصہ کسی بھی شکل میں بشمول ویب سائٹ پر اَپ لوڈنگ کے لیے استعمال نہ کیا جائے۔ نیز اس کتاب پر کسی بھی قسم کے تنازع کو نمٹانے کا اختیار صرف حیدرآباد (تلنگانہ) کی عدلیہ کو ہو گا۔

© تعمیر پبلی کیشنز

| | | |
|---|---|---|
| کتاب | : | **تربیتِ اَولاد** (مضامین) |
| مصنف | : | **مولانا اشرف علی تھانوی** |
| جمع و ترتیب / تدوین | : | اعجاز عبید |
| صنف | : | غیر افسانوی نثر |
| ناشر | : | تعمیر پبلی کیشنز (حیدرآباد، انڈیا) |
| سالِ اشاعت | : | ۲۰۲۴ء |
| صفحات | : | ۳۰ |
| سرورق ڈیزائن | : | تعمیر ویب ڈیزائن |

## فہرست

| | | |
|---|---|---|
| (۱) | بچوں کی پرورش سے متعلق احادیثِ نبویہ | 6 |
| (۲) | اَولاد کی اہمیت اور اُس کے فضائل | 10 |
| (۳) | جن کی صرف لڑکیاں ہی لڑکیاں ہوں۔۔۔ | 17 |
| (۴) | اَولاد کی وجہ سے ہزاروں فکریں اور جھمیلے | 20 |
| (۵) | جن کے اَولاد نہ ہوتی ہو اُن کی تسلی کے لیے منفرد مضمون | 22 |
| (۶) | چھوٹی اَولاد کے مر جانے کے فضائل | 27 |

# بچوں کی پرورش سے متعلق احادیثِ نبویہ

## بچوں کی پرورش میں مصیبتیں جھیلنے اور دُودھ پلانے کی فضیلت

* رسول اللہ صلی اللہ علیہ و آلہ وسلم نے اِرشاد فرمایا عورت اپنی حالتِ حمل سے لے کر بچہ جننے اور دُودھ چھڑانے تک فضیلت و ثواب میں ایسی ہے جیسے اِسلام کی راہ میں سرحد کی نگہبانی کرنے والا (جس میں ہر وقت وہ مجاہدہ کے لیے تیار رہتا ہے) اور اگر (عورت) اِس درمیان میں مر جائے تو اُس کو شہید کے برابر ثواب ملتا ہے۔

* رسول اللہ صلی اللہ علیہ و آلہ وسلم نے فرمایا "جب عورت بچہ کو دُودھ پلاتی ہے تو ہر گھونٹ کے پلانے پر اُس کو ایسا اَجر ملتا ہے جیسے کسی جاندار کو زندگی دے دی پھر وہ جب دُودھ چھڑاتی ہے تو فرشتہ اُس کے کندھے پر (شاباشی سے ہاتھ) مارتا ہے اور کہتا ہے کہ پچھلے گناہ سب معاف ہوگئے، اَب آگے جو گناہ کا کام ہوگا وہ آئندہ لکھا جائے گا" اور اِس سے مراد گناہ صغیرہ ہیں، مگر گناہِ صغیرہ کا معاف ہو جانا کیا تھوڑی بات ہے۔

## لڑکیوں کی پرورش کرنے کی فضیلت

* رسول اللہ صلی اللہ علیہ و آلہ وسلم نے اِرشاد فرمایا جس شخص کی تین لڑکیاں ہوں اور وہ اُن کو علم و اَدب سکھلائے اور اُن کی پرورش کرے اور اُن پر مہربانی کرے، اُس کیلیے ضرور جنت واجب ہو جاتی ہے۔ (بخاری)

فائدہ: چونکہ اَولاد سے طبعی محبت ہوتی ہے اِس لیے اِس حق کے بیان کرنے میں شریعت نے زیادہ اہتمام نہیں فرمایا اور لڑکیوں کو چونکہ حقیر سمجھتے تھے اِس لیے اُن کی تربیت کی فضیلت بیان فرمائی۔

## حمل ساقط ہو جانے اور زچہ بچہ کے مر جانے کی فضیلت

* رسول اللہ صلی اللہ علیہ و آلہ وسلم نے اِرشاد فرمایا جو عورت کنوارے پنے کی حالت میں یا حمل میں بچہ جننے کے وقت یا چلّے کے دنوں میں مر جائے اُس کو شہادت کا درجہ ملتا ہے۔ (بہشتی زیور)

* رسول اللہ صلی اللہ علیہ و آلہ وسلم نے اِرشاد فرمایا جو حمل گر جائے وہ بھی اپنی ماں کو گھسیٹ کر جنت میں لے جائے گا جبکہ ثواب سمجھ کر صبر کرے۔ (بہشتی زیور)

* رسول اللہ صلی اللہ علیہ و آلہ وسلم نے اِرشاد فرمایا جس عورت کے تین بچے مر جائیں اور وہ ثواب سمجھ کر صبر کرے تو جنت میں داخل ہو گی۔ ایک عورت بولی یا

رسول اللہ ! جس کے دو ہی بچے مرے ہوں۔ آپ صلی اللہ علیہ و آلہ وسلم نے فرمایا دَو کا بھی یہی ثواب ہے۔ ایک روایت میں ہے کہ ایک صحابی نے ایک بچے کے مرنے کو پوچھا تو آپ صلی اللہ علیہ و آلہ وسلم نے اِس میں بھی بڑا ثواب بتلایا۔

* رسول اللہ صلی اللہ علیہ و آلہ وسلم نے عورتوں سے اِرشاد فرمایا کیا تم اِس بات پر راضی نہیں (یعنی راضی ہونا چاہیے) کہ جب تم میں کوئی اپنے شوہر سے حاملہ ہوتی ہے اور وہ شوہر اِس سے راضی ہو تو اُس کو ایسا ثواب ملتا ہے جیسا کہ اللہ کی راہ میں روزہ رکھنے والے اور شب بیداری کرنے والے کو ملتا ہے۔ اور جب اُس کو درد زِہ ہوتا ہے تو آسمان اور زمین کے رہنے والوں کو اِس کی آنکھوں کی ٹھنڈک یعنی راحت کا جو سامان مخفی رکھا گیا ہے اُس کی خبر نہیں۔ پھر جب وہ بچہ جنتی ہے تو اُس کے دُودھ کا ایک گھونٹ بھی نہیں نکلتا اور اُس کی پستان سے ایک دفعہ بھی بچہ نہیں چوستا جس میں اُس کو ہر گھونٹ اور ہر چوسنے پر ایک نیکی نہ ملتی ہو (یعنی ہر مرتبہ نیکی ملتی ہے) اور اگر بچہ کے سبب اُس کو رات کو جاگنا پڑے تو اُس کو راہِ خدا میں ستر غلاموں کے آزاد کرنے کا اَجر ملتا ہے۔ (کنز العمال)

* رسول اللہ صلی اللہ علیہ و آلہ وسلم کی خدمت میں ایک عورت حاضر ہوئی، اُس کے ساتھ دو بچے تھے۔ ایک کو گود میں لے رکھا تھا دُوسرے کو اُنگلی سے پکڑے ہوئے تھی۔ آپ صلی اللہ علیہ و آلہ وسلم نے دیکھ کر اِرشاد فرمایا کہ یہ عورتیں پہلے پیٹ میں بچے کو رکھتی ہیں پھر جنتی ہیں پھر اِن کے ساتھ کس طرح محبت اور مہربانی کرتی ہیں۔ اگر ان کا برتاؤ شوہروں سے برا نہ ہوتا تو اِن میں جو نماز کی پابند ہوتی ہیں سیدھی جنت میں چلی جایا کرتیں۔

٭ رسول اللہ صلی اللہ علیہ و آلہ وسلم نے اِرشاد فرمایا جو عورت بیوہ ہو جائے اور خاندانی بھی ہو، مالدار بھی ہو لیکن اُس نے اپنے بچوں کی خدمت اور پرورش میں لگ کر اپنا رنگ میلا کر دیا یہاں تک کہ وہ بچے یا تو بڑے ہو کر الگ رہنے لگے یا مر گئے تو ایسی عورت جنت میں مجھ سے ایسی نزدیک ہو گی جیسے کلمہ والی اُنگلی اور بیچ کی اُنگلی۔

فائدہ: اِس سے مراد وہ عورت ہے جس کو نکاح کی خواہش قطعاً نہ ہو ورنہ بیوہ کو بھی نکاح کرنا ضروری ہے۔

# اَولاد کی اہمیت اور اُس کے فضائل

حضرت معقل بن یسار رضی اللہ عنہ سے روایت ہے کہ رسول اللہ صلی اللہ علیہ و آلہ وسلم نے فرمایا ایسی عورت سے نکاح کرو جو محبت کرنے والی ہو اور بچے جنے والی ہو کیونکہ تمہاری زیادتی سے دُوسرے اُمتوں پر فخر کروں گا کہ میری اُمت اِتنی زیادہ ہے۔(ابوداود ونسائی)

فائدہ: اَولاد کا ہونا بھی کتنا بڑا فائدہ ہے زندگی میں بھی کہ وہ سب سے بڑھ کر اپنے خدمت گزار اور مددگار اور فرمانبردار اور خیر خواہ ہوتے ہیں اور مرنے کے بعد اِس کے لیے دُعا(اور ایصالِ ثواب بھی کرتے ہیں)اور اگر آگے نسل چلی تو اُس کے دینی راستہ پر چلنے والے مدتوں تک رہتے ہیں اور مرنے کے بعد بھی برابر اِس کو ثواب ملتا رہتا ہے اور قیامت میں بھی (بڑا فائدہ ہے)۔اِسی طرح جو بچے بچپن میں مر گئے وہ اِس کو بخشوائیں گے۔جو بالغ ہو کر نیک ہوئے وہ بھی (اپنے والدین کے لیے) سفارش کریں گے اور سب سے بڑی بات یہ ہے کہ مسلمانوں کی تعداد بڑھتی ہے جس سے دُنیا میں بھی قوت بڑھتی ہے اور قیامت میں ہمارے پیغمبر صلی اللہ علیہ و آلہ وسلم خوش ہو کر فخر فرمائیں گے۔(حیاۃ المسلمین)

## حضور صلی اللہ علیہ و آلہ وسلم کی اَولاد سے محبت

حق تعالیٰ نے اَولاد کی محبت والدین کے دِل میں پیدا کی ہے اَور یہ ایسی محبت ہے کہ جو مقدس ذاتیں محض حق تعالیٰ ہی کی محبت کے لیے مخصوص ہیں وہ بھی اِس محبت سے خالی نہیں۔ چنانچہ سیدنا رسول اللہ صلی اللہ علیہ و آلہ وسلم کو حضراتِ حسنین سے ایسی محبت تھی کہ ایک بار آپ خطبہ پڑھ رہے تھے کہ اِتنے میں حضرات حسنین بچے تھے لڑکھڑاتے ہوئے مسجد میں آ گئے۔ حضور صلی اللہ علیہ و آلہ وسلم سے اُن کا لڑکھڑانا دیکھ کر نہ رہا گیا۔ آپ صلی اللہ علیہ و آلہ وسلم نے درمیانِ خطبہ ہی ممبر سے اُتر کر اُن کو گود میں اُٹھالیا اور پھر خطبہ جاری فرمایا۔ اگر آج کوئی شیخ ایسا کرے تو جہلا اُس کی حرکت کو خلافِ وقار کہتے ہیں۔ مگر وہ زبان سنبھالیں کیسا وقار لیے پھرتے ہیں آج کل لوگوں نے تکبر کا نام وقار اور خود داری رکھ لیا ہے۔ اور وفات کے واقعات میں یہ ہوا کہ حضور صلی اللہ علیہ و آلہ وسلم نے اپنے صاحبزادے حضرت ابراہیم رضی اللہ عنہ کے وصال کے وقت رنج و غم کا اظہار فرمایا، آپ صلی اللہ علیہ و آلہ وسلم کی آنکھوں سے آنسو جاری تھے اور زبان سے یہ بھی فرمایا کہ اے ابراہیم ہم کو تمہاری جدائی کا واقعی صدمہ ہے۔ الغرض اَولاد کی محبت سے ذواتِ قدسیہ بھی خالی نہیں۔ یہ تو حق تعالیٰ کی حکمت ہے کہ ہمارے اَندر اَولاد کی محبت پیدا کر دی اور اگر یہ داعی نہ ہوتا تو ہم اُن کے حقوق اَدا نہ کر سکتے۔

(الفیض الحسن ملحقہ حقوق الزوجین)

## اَولاد کی محبت کیوں پیدا کی گئی؟

بچے جو گوہ کا ڈھیر اور موت کی پوٹ ہیں۔ اُن کی پرورش بغیر قلبی داعیہ (اور جذبہ) کے ہو ہی نہیں سکتی۔ بچے تو ہر وقت اپنی خدمت کراتے ہیں، خود خدمت کے لائق نہیں اُن کی حرکتیں بھی مجنونانہ (پاگل پن کی سی ہوتیں) ہیں مگر حق تعالیٰ نے ایسی محبت پیدا کر دی ہے کہ اُن کی مجنونانہ حرکت بھی بھلی معلوم ہوتی ہیں حتی کہ بعض دفعہ وہ کبھی خلاف تہذیب کام کرتے ہیں جس پر سزا دینا عقلاً ضروری ہوتا ہے مگر بچوں کے متعلق عقلمندوں میں اِختلاف ہو جاتا ہے، ایک کہتا ہے سزا دی جائے دُوسرا کہتا ہے نہیں بچے ہیں اِن سے ایسی غلطی ہو ہی جاتی ہے معاف کر دینا چاہیے۔ غرض اپنے بچوں کو تو کیوں نہ چاہیں، دُوسرے کے بچوں کو دیکھ کر پیار آتا ہے اور اُن کی حرکتیں اچھی معلوم ہوتی ہیں۔ اگر یہ محبت کا تقاضا اور داعیہ نہ ہو تو راتوں کو جاگنا اور گوہ موت کرانا دشوار ہو جاتا۔ کسی غیر کی بچے کی خدمت کر کے دیکھو تو حقیقت معلوم ہو جائے گی۔ گو خدا کا خوف کر کے تم روزانہ اُس کی خدمت کر دو مگر دِل میں ناگواری ضرور ہو گی۔ غصّہ بھی آئے گا سوتیلی اَولاد کی خدمت اِس لیے گراں ہوتی ہے کہ اِس کے دِل میں اُن کی محبت نہیں ہوتی۔ چونکہ اَولاد کی محبت بغیر محبت کے دُشوار تھی اِس لیے حق تعالیٰ نے اولاد کی محبت والدین کے دِل میں ایسی پیدا کر دی کہ اَب وہ اُس کی خدمت کرنے پر مجبور ہیں۔

# اَولاد کی تمنا

(لوگوں کو) اَولاد کی تمنا اِس لیے ہوتی ہے کہ نام باقی رہے گا (خاندان اور سلسلہ چلے گا)۔ تو نام کی حقیقت سن لیجئے کہ ایک مجمع میں جا کر ذرا لوگوں سے پوچھئے تو بہت سے لوگوں کو پر دادا کا نام معلوم نہ ہو گا۔ جب خود اَولاد ہی کو اپنے پر دادا کا نام معلوم نہیں تو دُوسروں کو خاک معلوم ہو گا؟ تو بتلایئے اَولاد والوں کا بھی نام کہاں رہا۔

صاحبو! نام تو خدا کی فرمانبرداری سے چلتا ہے۔ خدا کی فرمانبرداری کرو اُس سے نام چلے گا، اولاد سے نام نہیں چلا کرتا بلکہ اَولاد نالائق ہوئی تو اُلٹی بدنامی ہوتی ہے۔ اور نام چلا بھی تو نام چلنا ہی کیا چیز ہے جس کی تمنا کی جائے۔ یوں کسی کو طبعی طور پر اَولاد کی تمنا بھی ہو تو میں اُس کو برا نہیں کہتا کیونکہ اَولاد کی محبت اِنسان میں طبعی (فطری) ہے چنانچہ بعض لوگ جنت میں بھی اَولاد کی تمنا کریں گے حالانکہ وہاں نام کا چلنا بھی مقصود نہ ہو گا۔ کیونکہ جنت کے رہنے والے کبھی ختم نہ ہوں گے بلکہ وہاں اِس تمنا کا منشاء (سبب) محض طبعی تقاضا ہو گا، تو میں اِس سے منع نہیں کرتا۔

مقصود صرف یہ ہے کہ اِس طبعی تقاضے کی وجہ سے عورت کی خطاء نکال لینا کہ تیرے اَولاد نہیں ہوتی یا لڑکیاں ہی ہوتی ہیں، بڑی غلطی ہے۔ اور اِس قسم کی غیر اِختیاری جرائم نکال کر اُن سے خفا ہونا اور اُن پر زیادتی کرنا ممنوع (اور ناجائز) حرام ہے اِس میں اُن بیچاریوں کی کیا خطاء ہے جو ہوتا ہے اللہ تعالیٰ کی طرف سے ہوتا ہے۔ (حقوق البیت ص ۳۹)

یہ تو نہایت سخت غلطی ہے مثلاً بعض لوگ بیوی سے کہتے ہیں کہ کمبخت تیرے کبھی اولاد ہی نہیں ہوتی تو اِس میں وہ بیچاری کیا کرے۔ اَولاد کا ہونا کسی کے اِختیار میں تھوڑی ہے بعض دفعہ بادشاہوں کے اَولاد نہیں ہوتی حالانکہ وہ ہر قسم کی مقوی غذائیں اور (حمل والی) دوائیں بھی اِستعمال کرتے ہیں مگر پھر بھی خاک اَثر نہیں ہوتا۔ یہ تو محض اللہ تعالیٰ کے قبضہ و اِختیار کی بات ہے اِس میں عورتوں کا کیا قصور ہے۔

بعض مردوں کو ہم نے دیکھا ہے کہ وہ بیوی سے اِس بات پر خفا ہوتے ہیں کہ کم بخت تیرے تو لڑکیاں ہی لڑکیاں ہوتی ہیں۔ سو اوّل تو اِس میں اُس کی کیا خطاء ہے۔ اطباء (ڈاکٹروں) سے پوچھو تو وہ شاید اِس میں آپ ہی کا قصور بتلائیں۔ دُوسرے یہ ناگواری کی بات بھی نہیں۔

## اگر اَولاد ذخیرۂ آخرت ہو تو بہت بڑی نعمت ہے

اگر اَولاد دین میں مدد دے تو سبحان اللہ (اللہ تعالیٰ کی بہت بڑی نعمت ہے) ایک بزرگ تھے وہ نکاح نہ کرتے تھے ایک مرتبہ سو رہے تھے کہ اچانک چونک پڑے اور کہنے لگے جلدی کوئی لڑکی لاؤ (نکاح کرنا ہے) ایک مخلص مرید حاضر تھے اُن کی ایک لڑکی کنواری تھی لا کر فوراً حاضر کی اُسی وقت نکاح ہوا۔ اللہ تعالیٰ نے ایک بچہ دیا اور وہ مر گیا۔ بیوی سے کہا کہ جو میرا مطلب تھا وہ پورا ہو گیا اَب تجھ کو اِختیار ہے اگر تجھ کو دُنیا کی خواہش ہے تو میں تجھ کو آزاد کر دُوں کسی سے نکاح کر

لے اور اگر اللہ کی یاد میں اپنی عمر ختم کرنا ہو تو یہاں رہو چونکہ وہ بیوی اُن کے پاس رہ چکی تھی اور صحبت کا اَثر اُس کے اندر آگیا تھا۔ اُس نے کہا کہ میں تو اَب کہیں نہیں جاؤں گی۔ چنانچہ دونوں میاں بیوی اللہ کے یاد میں رہے۔

اُن کے بعض خاص لوگوں نے پوچھا کہ حضرت یہ کیا بات ہے (اِتنی جلدی شادی کرنے کی کیا وجہ تھی حالانکہ پہلے آپ اِنکار فرماتے تھے) فرمایا بات یہ تھی کہ میں سورہا تھا میں نے دیکھا کہ میدانِ محشر قائم ہے اور پلِ صراط پر لوگ گزر رہے ہیں۔ ایک شخص کو دیکھا کہ اُس سے چلا نہیں جاتا لڑکھڑاتا ہوا چل رہا ہے اُسی وقت ایک بچہ آیا اور ہاتھ پکڑا آناً فاناً (یعنی فوراً) اُس کو لے گیا۔ میں نے دریافت کیا کہ یہ کون ہے؟ اِرشاد ہوا کہ اِس کا بچہ ہے جو بچپن میں مر گیا تھا یہاں اِس کا رہبر ہو گیا اِس کے بعد میری آنکھ کھل گئی مجھے خیال آیا کہ میں اِس فضیلت سے محروم نہ رہوں شاید بچہ ہی میری نجات کا ذریعہ ہو جائے اِس لیے میں نے نکاح کیا تھا اور میرا مقصود حاصل ہو گیا۔ (الدنیا ملحقہ دُنیا و آخرت ص ۹۸)۔

## بعض اَولاد وَبالِ جان اور عذاب کا ذریعہ ہوتی ہے

یاد رکھو! جس طرح اَولاد ہونا نعمت ہے اِسی طرح نہ ہونا بھی نعمت ہے بلکہ جس کے نہ ہوئی ہو یا جس کے ہو کر مر گئی ہو اُس کو اَور بھی زیادہ شکر کرنا چاہیے۔

صاحبو! آج کل کی تو اَولاد عموماً خدا سے غافل رہنے والی ہوتی ہے۔ پس جس کے نہ ہو وہ شکر کرے کہ اللہ تعالیٰ نے سب فکروں سے آزاد کیا ہے اُن کو چاہیے کہ

اطمینان سے اللہ تعالیٰ کو یاد کریں۔ بعض لوگوں کے لیے اَولاد عذابِ جان ہو جاتی ہے جیسے منافقین کے بارے میں اللہ تعالیٰ اِرشاد فرماتے ہیں:

وَلَا تُعۡجِبۡکَ اَمۡوَالُھُمۡ وَلَا اَوۡلَادُھُمۡ اِنَّمَا یُرِیۡدُ اللّٰہُ لِیُعَذِّبَھُمۡ بِھَا فِی الۡحَیٰوۃِ الدُّنۡیَا (سورۃ توبہ)

"اے محمد (صلی اللہ علیہ و آلہ وسلم) آپ کو اِن کے مال اور اَولاد اچھے معلوم نہ ہوں اللہ تعالیٰ تو یہ چاہتے ہیں کہ اِن مالوں اور اَولادوں کی وجہ سے اُن کو اِس دُنیا میں عذاب دیں۔"

واقعی بعض لوگوں کے لیے اَولاد وَبالِ جان ہی ہو جاتی ہے۔ بچپن میں تو اُن کے پیشاب پاخانہ میں نمازیں برباد کرتے ہیں۔ جب بڑے ہو جاتے ہیں تو اُن کے لیے طرح طرح کی فکریں ہو جاتی ہیں کہ اِن کے لیے جائداد ہو روپیہ ہو اور گھر ہو خواہ دین رہے یا نہ رہے لیکن جس طرح بن پڑے گا اِن کے لیے دُنیا سمیٹیں گے اور ہر وقت اِسی دھُن میں رہیں گے۔ حلال و حرام میں بھی کچھ تمیز نہ کریں گے پس ایسی اَولاد کا نہ ہونا ہی نعمت ہے جن لوگوں کے اَولاد نہیں اُن پر خدا کی بڑی نعمت ہے اگر اَولاد ہوتی تو اُن کی کیا حالت ہوتی، واللہ اعلم

# جن کی صرف لڑکیاں ہی لڑکیاں ہوں اُن کی تسلی کے لیے ضروری مضمون

## حضرت خضر علیہ السلام کا واقعہ

حضرات! آپ کو خوب یاد ہو گا کہ حضرت خضر علیہ السلام نے جس لڑکے کو قتل کر دیا تھا اُس کے لیے اور اُس کے والدین کے لیے (اِس میں بڑی) مصلحت بھی تھی۔

روایت سے معلوم ہوتا ہے کہ اُس لڑکے کے قتل ہونے کے بعد اللہ تعالیٰ نے اُس کے والدین کو ایک لڑکی دی جس کی اَولاد میں انبیاء علیہم السلام پیدا ہوئے۔ تو بتلایئے اگر آگے لڑکا ہوتا اور ویسا ہی ہوتا جیسا وہ لڑکا تھا جسے حضرت خضر علیہ السلام نے مار ڈالا تھا تو آپ کیا کر لیتے۔

یہ خدا کی بہت بڑی مصلحت ہے کہ اُس نے آپ کو لڑکیاں دیں کیونکہ عموماً لڑکیاں خاندان کو بدنام نہیں کیا کرتیں اور وَالدین کی اِطاعت بھی خوب کرتی ہیں اَور لڑکے تو آج کل ایسے آزاد ہوتے ہیں کہ خدا کی پناہ! اُن کے ہونے سے تو نہ ہونا ہی بھلا تھا۔ اَب آج کل اگر حضرت خضر علیہ السلام ایسے کو نہیں مارتے تو اللہ میاں تو

ذبح کر سکتے ہیں اَور اللہ کا پیدا نہ کرنا (یا پیدا کر کے موت دے دینا) یہ بھی ایک گونہ ذبح کرنے کے مثل ہے۔ اور جس کو اللہ تعالیٰ کچھ بھی اَولاد نہ دیں نہ لڑکا نہ لڑکی اُس کے لیے یہی مصلحت ہے کیونکہ بندوں کے مصلحتوں کو اُن سے زیادہ اللہ جانتے ہیں (دیکھیے آج ایک شخص بے فکری سے دین کے کام میں لگا ہوا ہے کیونکہ اُس کے اَولاد نہیں)۔

## اَولاد کے پسِ پشت مصیبتیں اور پریشانیاں

عورت کے لیے تو بچے کا ہونا سخت مصیبت ہے۔ لوگ کہا کرتے ہیں کہ عورت دوبارہ جنم لیتی ہے۔ مگر مرد کے لیے بھی کم مصیبت نہیں ہے کہ زچہ کی خبر گیری، گوند سونٹھ گھی وغیرہ کے لیے خرچ کی ضرورت ہوتی ہے اور بچہ صاحب جو تشریف لائے ہیں وہ مانند پھول اور پان کے ہیں (یعنی نہایت کمزور) ذرا سے میں کملا جاتے ہیں۔ سرد ہوا لگ گئی تو اَینٹھ گئے اور گرم ہوا لگ گئی (یعنی لُو لگ گئی) تو بھڑک اُٹھے۔ کبھی رونا شروع ہوا تو روئے ہی جاتے ہیں اور یہ پتا نہیں چلتا کہ کیوں روتے ہیں، بچہ حیوان بے زبان ہوتا ہے اپنا دُکھ بیان نہیں کر سکتا۔ علاج بھی قرائن اور قیاس سے (یعنی اَندازے سے) کیا جاتا ہے۔ کبھی یہ خیال ہوتا ہے کہ پیٹ میں درد ہے اِس واسطے روتا ہے لہٰذا گھٹی دی جاتی ہے اور کبھی خیال ہوتا ہے کہ کان میں درد ہے اس کے واسطے تمباکو کی پیک کان میں ڈلوائی جاتی ہے، یہ تکلیفیں تو وہ ہیں جو معمولی سمجھی جاتی ہیں اِن کی تدبیریں عورتیں خود ہی کر لیتی ہیں۔

اور کبھی ایسی بیماریاں بچوں کو ہوتی ہیں کہ جو گھر والوں کو سمجھ میں نہیں آتیں اور بڑے بڑے قابل اور تجربہ کار حکیموں اور ڈاکٹروں کو تلاش کرنا پڑتا ہے اور ذرا سے بالشت بھر کے آدمی کے لیے ہزاروں روپیہ خرچ کرنا پڑتا ہے اُس وقت تارے نظر آتے ہیں (دماغ چکرا جاتے ہیں) اور بے ساختہ آدمی کہہ اُٹھتا ہے کہ پہلی اَولاد ہوئی تو ہمیں مار دیا بھلے مانس اِس کا کیا قصور ہے تو ہی نے تو اِسے بلایا ہے۔

غرض کہیں ناک دُکھ رہی ہے کہیں آنکھ دُکھ رہی ہے ذرا سا جی اچھا ہوتا ہے تو اپنی جان میں بھی جان آجاتی ہے اور جب اِس کی طبیعت خراب ہوتی ہے تو اپنی زندگی بھی تلخ ہو جاتی ہے۔ "بین الرجاء والخوف" یعنی اُمید اور خوف کے درمیان کی زندگی کا لطف آتا ہے (اور درجات کی ترقی ہوتی ہے)۔

خیر خدا خدا کر کے لڑکا بڑا ہوا تو اَب اُس کی شادی ہوئی پھر اُس کی اولاد ہوئی پھر اُس کے اولاد ہوئی اَور سارا دھندا اَز سرِ نو شروع ہوا۔ جن تکلیفوں سے خدا خدا کر کے کچھ نجات پائی تھی اَب پھر اُن کا آغاز ہوا۔ اگر اُس کی اولاد نہ ہوئی تو اُس کا غم کہ اَولاد کیوں نہیں ہوتی اور اگر ہوئی بھی تو وہ بھی سب سازو سامان لائی یعنی وہی گُوہ مُوت۔ یہ عیش و آرام ہے دُنیا کے، یہ اشغال ایسے ہیں کہ جن سے کوئی بھی خالی نہیں حتی کہ لوگوں کی طبیعتیں اِن سے ایسے مانوس ہو گئی ہیں کہ اگر یہ نہ ہوں تو طبیعت گھبراتی ہے کہ کوئی شغل نہیں۔

# اَولاد کی وجہ سے ہزاروں فکریں اور جھمیلے

اَولاد کے ساتھ ہزاروں فکریں لگی ہوئی ہیں آج کسی کان میں درد ہے کسی کے پیٹ میں درد ہے کوئی گر پڑا ہے کوئی گم ہو گیا ہے اور ماں باپ پریشان ہوتے ہیں تو ممکن ہے کہ خدا نے اِس کو اِسی لیے اَولاد نہیں دی کہ وہ اِس کو آزاد رکھنا چاہتے ہوں۔

میرے بھائی ایک کہانی سناتے تھے کہ ایک شخص نے صاحبِ عیال (بال بچوں والے) سے پوچھا کہ تمہارے گھر خیریت ہے؟ تو بڑا خفا ہوا کہ میاں خیریت تمہارے یہاں ہوگی، مجھے بد دعا دیتے ہو؟ ہمارے یہاں خیریت کہاں۔ ماشاء اللہ بیٹے بیٹیاں ہیں پھر اُن کے اَولاد ہے سارا گھر بچوں سے بھرا ہوا ہے، آج کسی کے کان میں درد ہے کسی کو دَست آرہے ہیں کسی کی آنکھ دُکھ رہی ہے کوئی کھیل کُود میں چوٹ کھا کر رو رہا ہے۔ ایسے شخص کے یہاں خیریت ہوگی؟ خیریت تو اُس کے یہاں ہوگی جو منحوس ہو جس کے گھر میں کوئی بال بچہ نہ ہو، ہمارے یہاں خیریت کیوں ہوتی۔ واقعی بچوں کے ساتھ خیریت کہاں! بچپن میں اُن کے ساتھ اِس قسم کے رنج اور فکریں ہوتی ہیں اور جب وہ سیانے ہوئے تو اگر صالح (نیک) ہوئے تو خیر اور آج کل اِس کی بہت کمی ہے ورنہ پھر جیسا وہ ناک میں دم کرتے ہیں معلوم ہے۔ پھر ذرا

اَور بڑے ہوئے جوان ہو گئے تو اُن کے نکاح کی فکر ہے۔ بڑی مصیبتوں سے نکاح بھی کر دیا تو اَب یہ غم ہے کہ اُس کے اَولاد نہیں ہوتی۔ اللہ اللہ کر کے تعویذ گنڈوں اور دواؤں سے اَولاد ہوئی تو بڑے میاں کی اِتنی عمر ہو گئی کہ پوتے بھی جوان ہو گئے۔ اَب بچہ اُن کو بات بات میں بیوقوف بناتا ہے اور اُن کی خدمت کرنے سے اُکتاتا ہے اور بیٹے پوتے منہ پر (سامنے ہی) کورِی (کھری کھری) سناتے ہیں اور یہ بیچارے معذور ایک طرف پڑتے ہیں، یہ اَولاد کا پھل ہے تو پھر خوامخواہ لوگ اِس کی تمنائیں کرتے ہیں۔

# جن کے اَولاد نہ ہوتی ہو اُن کی تسلی کے لیے منفرد مضمون

میرے اُستاذ مولانا سیّد احمد صاحب دہلوی کے ماموں مولانا سیّد محبوب علی صاحب جعفری کے کوئی اَولاد نہیں ہوئی تھی۔ ایک دفعہ وہ غمگین بیٹھے تھے میرے اُستاد نے پوچھا اور یہ اُن کے لڑکپن کا زمانہ ہے کہ آپ غمگین کیوں ہیں؟ کہا مجھے اِس کا رنج ہے کہ بڑھاپا آگیا اور میرے اَب تک اَولاد نہیں ہوئی۔ اُستاد نے فرمایا سبحان اللہ! یہ خوشی کی بات ہے یا غم کی؟ اُنہوں نے پوچھا یہ خوشی کی بات کیسے ہے؟ فرمایا یہ تو بڑی خوشی کی بات ہے کہ آپ کے سلسلہ نسل (خاندان) میں آپ ہی اَصل مقصود ہیں اور آپ کے تمام آباء و اَجداد مقصود بالخیر یعنی ذریعہ ہیں بخلاف اَولاد وَالوں کے کہ وہ مقصود نہیں ہیں بلکہ اُن کو تو غم کے واسطے پیدا کیا گیا ہے۔

دیکھیے گیہوں دو قسم کے ہوتے ہیں، ایک وہ جن کو کھانے کے لیے رکھا جاتا ہے۔ دُوسرے وہ جو تخم کے لیے رکھے جاتے ہیں تو اِن دونوں میں مقصود وہ ہے جو کھانے کے لیے رکھا جاتا ہے۔ کھیت بونے سے مقصود یہی گیہوں تھے اَور جس کو تخم (بیج) کے واسطے رکھتے ہیں وہ مقصود نہیں بلکہ واسطہ ہیں مقصود کے۔ اسی طرح جس کے اَولاد نہ ہو آدم علیہ السلام سے لے کر اِس وقت تک ساری نسل میں مقصود وہی تھا اور سب (آباء و اَجداد) اِس کے وسائل (ذرائع) تھے اور جن کے اَولاد ہوتی ہے

وہ خود مقصود نہیں ہیں بلکہ تخم کے لیے رکھے گئے ہیں تو واقعی ہے تو یہ علمی مضمون۔ بے اَولادوں کو اپنی حسرت اِس مضمون کو سوچ کر ٹالنی چاہیے۔

اَور اگر اِس سے بھی حسرت نہ جائے تو دُنیا کی حالت دیکھ کر تسلی کر لیا کریں کہ جن کے اَولاد ہے وہ کس مصیبت میں گرفتار ہیں۔ اور اِس سے بھی تسلی نہ ہو تو یہ سمجھ لیں کہ جو خدا کو منظور ہے وہی میرے واسطے خیر ہے۔ نہ معلوم اَولاد ہوتی تو کیسی ہوتی۔ اور یہ بھی نہ کر سکے تو کم اَز کم یہ سمجھے کہ اَولاد نہ ہونے میں بیوی کی کیا خطاء ہے۔

## جو اَولاد مر جائے اُس کا مر جانا ہی بہتر تھا

حضرت خضر اور حضرت موسیٰ علیہ السلام کا واقعہ قرآن مجید میں مذکور ہے کہ حضرت خضر علیہ السلام نے ایک بچہ کو قتل کر دیا تھا تو حضرت موسیٰ علیہ السلام نے فرمایا کہ آپ نے یہ کیا کیا کہ ایک بے گناہ بچہ کو مار ڈالا۔ اور حضرت خضر علیہ السلام نے پہلے ہی حضرت موسیٰ علیہ السلام کو اپنے ساتھ رکھنے کی یہ شرط کر لی تھی کہ میرے کسی فعل پر اعتراض نہ کرنا اِس لیے اُنہوں نے فرمایا کہ میں نے تم سے پہلے ہی کہہ دیا تھا تم سے صبر نہ ہو سکے گا۔

اِس کے بعد اِس واقعہ کی یہ حکمت بیان فرمائی کہ اِس لڑکے والدین مؤمن ہیں اور لڑکا بڑا ہو کر کافر ہوتا۔ اور اُس کی محبت سے اُس کے ماں باپ بھی کافر ہو جاتے اِس لیے اِرادہ الٰہی یہ ہوا کہ اُس کا پہلے ہی خاتمہ کر دیا جائے اور اِس کے بدلے نیک

اَولاد اُن کو ملے۔

اِس قصہ سے معلوم ہوا کہ جو بچے بچپن میں مر جاتے ہیں اُن کا مر جانا ہی بہتر ہوتا ہے۔ اِسی واسطے جو دیندار ہیں اُن کو اَولاد کے مر جانے کا غم تو ہوتا ہے لیکن پریشان نہیں ہوتے جو شخص اللہ تعالیٰ کو حکیم سمجھے گا وہ کسی واقعے سے پریشان نہ ہو گا۔ہاں جس کی اُس پر نظر نہیں اُس پر اگر کوئی واقعہ ہوتا ہے مثلاً کوئی بچہ مر جاتا ہے اُس کو بڑا اُتار چڑھاؤ ہوتا ہے کہ اگر زندہ رہتا تو ایسا ہوتا۔ دِل کے اندر سے شعلے اُٹھتے ہیں اَرمان ہوتے ہیں۔ حسرتیں ہوتی ہیں کہ ہائے ایسی لیاقت کا تھا ایسا تھا ویسا تھا۔

صاحبو! تم کو کیا خبر کہ وہ کیسا تھا؟ غنیمت سمجھو اِسی میں مصلحت تھی ممکن ہے کہ بڑا ہو کر کافر ہوتا۔ اور تم کو کافر بنا دیتا۔ (الدنیا ملحقہ دُنیا و آخرت)

## چھوٹے بچوں کی موت ہو جانے کے فوائد اور اُس کی حکمتیں

چھوٹے بچے کی موت میں ایک حکمت یہ ہے اگر وہ پیشِ نظر رہے تو چھوٹے بچوں کے مرنے پر غم کے ساتھ خوشی کا ایک پہلو سامنے ہو گا۔ لوگوں کو اَولاد کے بڑے ہونے کی خوشی محض اِس لیے ہے کہ اُن کا نفس یوں ہی چاہتا ہے ورنہ اُن کو کیا خبر کہ کہ بڑے ہو کر یہ کیسا ہو گا والدین کی راحت کا ذریعہ ہو گا یا وبالِ جان ہو گا۔ اور پھر وہ بڑے ہو کر مرے تو یہ خبر نہیں کہ وہ والدین کو آخرت میں کچھ نفع دے

گا یا خود ہی سہارے کا محتاج ہو گا۔ اور بچپن میں مرنے والے بچے بہت کار آمد ہیں اُن میں یہ احتمال ہی نہیں کہ وہ آخرت میں نا معلوم کس حال میں ہوں گے کیونکہ غیر مکلف بچے یقیناً مغفور لہ بخشے بخشائے ہیں اور وہ آخرت میں والدین کے بہت کام آئیں گے۔

حدیث سے معلوم ہوتا ہے کہ بچے جنت میں جانے سے پہلے آخرت میں بھی بچے ہی رہیں گے اور اُن کی عادتیں بھی بچوں کی ہو گی یعنی وہی ضد کرنا اور اپنی بات پر اَڑ جانا پیچھے پڑ جانا لیکن یہ حالت جنت میں داخل ہونے سے پہلے ہو گی پھر جنت میں پہنچ کر باپ بیٹے سب برابر ایک قد کے ہو جائیں گے۔ حدیث میں آیا ہے کہ بچے اَڑ جائیں گے اور اللہ تعالیٰ سے کہیں گے کہ ہم جنت میں نہ جائیں گے جب تک ہمارے ماں باپ کو ہمارے حوالے نہ کیا جائے۔ ہم تو اُن کو ساتھ لے کر جنت میں جائیں گے تو اللہ تعالیٰ فرمائیں گے اَیُّھَا الطِّفْلُ الْمُرَاغِمُ رَبَّہٗ اَدْخِلْ اَبَوَیْکَ کہ اے ضدی بچے اپنے خدا سے ضد کرنے والے جا اپنے والدین کو بھی جنت میں لے جا، تو یہ بے گناہ بچے اللہ تعالیٰ سے خود ہی بخشش کے لیے ضد کریں گے۔ اور اگر بچہ بڑا ہو کر مر جائے تو حضرت خضر علیہ السلام کا واقعہ یاد کر کے دل کو سمجھا لو نہ معلوم اِس میں کیا حکمت ہو گی۔ شاید اگر یہ زندہ رہتا تو دین کو بگاڑ لیتا یا دُنیا میں وبالِ جان ہوتا۔ اِس کے بعد اَحادیث میں مصائب و حوادث کی جو تفصیل حکمتیں مذکور ہیں نیز اُن پر جو ثواب بتلایا گیا ہے اُن کو پیشِ نظر رکھیں اِنشاء اللہ غم بہت کم ہو جائے گا۔

بس حاصل یہ ہے کہ جس کو اللہ تعالیٰ اَولاد دیں اُس کے لیے یہی اچھا ہے اور

جس کو نہ دیں اُس کے لیے یہی اچھا ہے اَور اگر کسی کے بالکل ہی اَولاد نہ ہو تو یہ سمجھے کہ میرے لیے اِسی میں حکمت ہے، نہ معلوم اَولاد ہوتی تو کن کن مصیبتوں کا سامنا ہوتا۔ اور جس کو اللہ تعالیٰ اَولاد دے کر چھین لیں اُس کے لیے اِس میں مصلحت ہے لِلّٰہِ مَا اَخَذَ وَمَا اَعْطٰی کا یہی مطلب ہے جو حدیث میں مصیبتوں کی تسلی کے لیے آیا ہے۔ اور یہی مطلب ہے اِنَّا لِلّٰہِ کا اور اس میں (مذکورہ تدبیر) واعتقاد کو صبر کے پیدا کرنے میں بڑا دخل ہے۔ اِنَّا لِلّٰہِ کے مضمون کو صبر حاصل کرنے میں بہت بڑا دخل ہے یہی وہ مضمون ہے کہ جس کی وجہ سے حضرت اُم سلیم صحابیہ نے کامل صبر فرمایا اور اپنے شوہر کو بھی صابر بنایا۔ (الاجر النبیل ملحقہ فضائل صبر وشکر)

# چھوٹی اَولاد کے مر جانے کے فضائل

حدیث میں آیا ہے کہ رسول اللہؐ نے فرمایا: جس شخص کے تین بچے مر گئے ہوں وہ اُس کے لیے جہنم کی آگ سے آڑ بن جائیں گے۔ کسی نے عرض کیا یارسول اللہؐ کسی کے دو بچے مرے ہوں؟ فرمایا وہ بھی۔ اِس پر کسی نے عرض کیا یارسول اللہؐ جس کا ایک ہی مرا ہو؟ فرمایا وہ بھی۔ کسی نے عرض کیا یارسول اللہؐ جس کا ایک بھی نہ مرا ہو تو آپؐ نے فرمایا اَنَا فَرَطٌ لِاُمَّتِیْ وَلَنْ یُّصَابُوْا بِمِثْلِیْ میں اپنی اُمت کا آگے جا کر سامان کرنے والا ہوں اور میری موت جیسا حادثہ میری اُمت پر کوئی نہ آئے گا۔ اِس لیے اُن کے واسطے وفات کا صدمہ ہی مغفرت کے لیے کافی ہے۔ یعنی آگے جا کر اُمت کے لیے مغفرت کی کوشش وسفارش کروں گا۔

اِس پر شاید کوئی یہ کہے کہ جیسے بے اَولادوں کے لیے حضورؐ کی وفات کافی ہے۔ ایسی ہی اَولادو والوں کے لیے بھی کافی تھی۔ پھر اَولاد کی شفاعت کی ضرورت کیا تھی۔

اِس کا جواب یہ ہے کہ ہم کو زیادہ تسلی کے لیے اِس کی ضرورت تھی، دو وجہ سے ایک یہ کہ رسول اللہؐ تو اَدب وخوف کے ساتھ سفارش فرمائیں گے اور بچہ ضد کے ساتھ شفاعت کرے گا۔ یہ بچے جس طرح یہاں والدین (ماں باپ) سے ضد کر

تے ہیں قیامت میں اللہ تعالیٰ سے بھی ضد اَور نازو نخرے کریں گے چنانچہ اَحادیث میں آتا ہے کہ بچہ جنت کے دروازے پر جا کر کھڑا ہو جائے گا اُس سے کہا جائے گا کہ اَندر جاؤ کہے گا نہیں جاتا۔ پوچھیں گے کیوں؟ کہے گا جب تک ہمارے ماں باپ ہمارے ساتھ نہ ہوں گے اُس وقت تک ہم جنت میں نہیں جاسکتے۔ تو اللہ تعالیٰ فرمائیں گے اَیُّھَا الطِّفْلُ الْمُرَاغِمُ رَبَّہٗ اَدْخِلْ اَبَوَیْکَ الْجَنَّۃَ اے اپنے پروردگار سے ضد کرنے والے بچے جا اپنے ماں باپ کو بھی جنت میں لے جا۔

دُوسرے عقلاً شفاعت کرنے والوں کی تعداد بڑھنے سے زیادہ قوت و تسلی ہوتی ہے اگرچہ حضورؐ کو اِس کی ضرورت نہیں۔ آپ تنہا ہی کافی ہیں۔ مگر طبعاً (فطری طور پر) عدد بڑھنے سے تسلی زیادہ ہوتی ہے۔ (الجبر بالصبر فضائل صبر و شکر ص ۱۳۳)

## ایک بزرگ کی حکایت

ایک بزرگ کی حکایت ہے کہ اُنہوں نے جوانی میں نکاح نہ کیا تھا اور بے نکاح رہنے ہی کی نیت کی تھی۔ ہر چند مریدوں نے عرض بھی کیا کہ شادی کر لیجئے مگر آپ نے منظور نہیں کیا۔ ایک دفعہ دوپہر کو سو کر اُٹھے تو اُسی وقت تقاضا کیا کہ میرا نکاح کرو۔ مریدوں نے فوراً اِس کی تکمیل کی۔ ایک مرید نے اپنی لڑکی سے نکاح کر دیا آپ نکاح کے حقوق اَدا کرتے رہے یہاں تک کہ ایک لڑکا بھی پیدا ہوا اَور کچھ دنوں کے بعد مر گیا۔ تو آپ نے فرمایا الحمد للہ مراد حاصل ہو گئی اور بیوی سے کہا کہ اَب

مجھے تیری ضرورت نہیں میرا جو مقصود تھا پورا ہو گیا۔ اَب اگر نکاح کا لطف حاصل کرنا چاہے تو میں طلاق دے کر کسی جوان صالح سے نکاح کر دُوں اور اگر میرے پاس رہنا چاہے تو کھانے پینے کی تیرے واسطے کمی نہیں مگر حقوقِ نکاح کا مطالبہ نہ کرنا۔ وہ لڑکی بھی نیک تھی اُس نے کہا مجھے تو صرف آپ کی خدمت مقصود ہے اور کچھ مطلوب نہیں۔

خدام کو یہ بات سن کر حیرت ہوئی کہ پہلے تو اِس تقاضے سے نکاح کیا تھا اَور اَب طلاق دینے کو آمادہ ہو گئے۔ خدام نے (اُن بزرگ سے) اِس کا سبب پوچھا۔ فرمایا کہ میں نے نکاح کا تقاضا کسی نفسانی ضرورت کی وجہ سے نہیں کیا تھا بلکہ اُس کی منشاء (سبب) یہ تھا کہ میں نے خواب دیکھا تھا کہ میدانِ قیامت برپا ہے اور لوگ پل صراط سے گزر رہے ہیں جو دوزخ کے اُوپر بچھا ہوا ہے۔ پھر میں نے ایک شخص کو دیکھا کہ پل صراط سے گزرتے ہوئے اُس کے قدم ڈگمگائے اور قریب تھا کہ جہنم میں جا گرے کہ اچانک ایک بچہ نے آ کر اُس کو سنبھالا اور مضبوطی کے ساتھ اُس کا ہاتھ پکڑ کر بجلی کی طرح پل صراط سے پار لے گیا۔ میں نے فرشتوں سے پوچھا کہ یہ بچہ کون تھا کہا کہ اُسی شخص کا بیٹا تھا بچپن میں انتقال ہو گیا تھا آج اُس کا سفارشی ہو گیا۔ خواب سے بیدار ہو کر مجھے فکر ہوئی کہ میرے پاس آخرت کی اَور جائدادیں تو ہیں یعنی عبادتیں نماز روزہ وغیرہ مگر یہ جائداد نہیں اِس لیے میں نے چاہا کہ یہ جائداد بھی پاس ہونا چاہیے۔ چنانچہ نکاح ہوا اور بچہ پیدا ہو کر مر گیا تو اُن کا مقصود حاصل ہو گیا۔ (الاجر النبیل فضائل صبر و شکر)

# ایک حدیثِ پاک کا مفہوم

حدیث میں آتا ہے کہ جب کسی مسلمان کا بچہ مرتا ہے تو ملائکہ اُس کی رُوح کو لے کر آسمان پر پہنچتے ہیں تو اللہ تعالیٰ اُن سے اِرشاد فرماتے ہیں کہ تم نے میرے بندے کے بچہ کو لے لیا؟ وہ کہتے ہیں کہ اے اللہ ہاں۔ پھر فرماتے ہیں کیا تم نے میرے بندے کے جگر گوشہ کو لے لیا؟ وہ کہتے ہیں کہ اے اللہ ہاں۔ پھر فرماتے ہیں میرے بندہ نے کیا کہا۔ فرشتے عرض کرتے ہیں کہ اے اللہ اُس نے آپ کی حمد (یعنی آپ کا شکر اَدا کیا) اور صبر کیا۔ اِس پر اللہ تعالیٰ فرماتے ہیں کہ گواہ رہو میں نے اپنے بندہ کو بخش دیا اور فرمایا اُس کے لیے جنت میں ایک محل تیار کرو اَور اُس کا نام "بَیتُ الْحَمْدُ" رکھو۔ یہ چھوٹوں کے مرنے پر وعدہ ہے جس سے ثابت ہو گیا کہ اللہ تعالیٰ بچوں کے مرنے پر نعم البدل (یعنی اچھا بدلہ) عطا فرماتے ہیں یعنی مغفرت اور جنت کا محل۔

***